Bonsái desde cero

Escuela Mediterránea de Bonsái & Jardinería

Fascículo 3

No se permite la reproducción total o parcial de esta obra, ni su incorporación a un sistema informático ni su transmisión en cualquier forma o por cualquier medio, sea este electrónico, mecánico, por fotocopia, por grabación y otros métodos, sin el permiso previo y por escrito del autor o editor. La infracción de los derechos mencionados puede ser constitutiva de delito contra la propiedad intelectual (Art. 270 y siguientes del código Penal)

Título: «Bonsái desde cero. Fascículo 3»
© Escuela Mediterránea de bonsái & Jardinería
Edición: setiembre de 2023

Contenido

¡Nuevo material inédito!

En el Fascículo 2 comenzamos a incluir material inédito y exclusivo para los compradores de Bonsái desde Cero. Nuestra vocación como Escuela Mediterránea de Bonsái & Jardinería es la transmisión de conocimientos y difusión del arte del Bonsái en especial de las especies mediterráneas, pero creemos justo ofrecer material extra a quienes están dispuestos a ir más allá en su afición. Por ello, en este fascículo 3 dedicado al bonsái a partir de material de vivero contarás con un vídeo y un artículo paso a paso solo para ti

Solo quienes posean una de las dos versiones -digital o papel- de este fascículo podrán acceder al enlace que lleva a ese material.

Es muy probable que cuando implementemos la función «Miembros del Canal» en Youtube ofrezcamos a nuestra comunidad el acceso al material exclusivo. Mientras tanto solo será prerrogativa de los compradores de esta publicación.

Te invitamos a suscribirte al canal, seguirnos en la página de Facebook y participar en el Grupo. En la página siguiente tienes los enlaces y códigos QR para hacerlo.

Introducción

En este fascículo 3, el cuarto de la serie, te ofrecemos todos los trucos, y consejos desde que vas al garden center, floristería o vivero para buscar material hasta que tienes tu bonsái encaminado. Por razones obvias no explicaremos técnicas que ya hemos tratado en fascículos anteriores, aunque sí te indicaremos en cuál puedes buscarlas y, si son muy importantes pondremos un resumen de las mismas.

Conseguir material de vivero para bonsái puede parecer muy sencillo cuando recién comienzas.

Ya verás que encontrar un buen material tiene sus secretos y vamos a contártelos todos.

Si aun no te has suscripto al canal de Youtube de la Escuela Mediterránea de Bonsái & Jardinería, puedes hacerlo **aquí.**

Si tienes la versión impresa del Fascículo 3 escanea el siguiente código QR:

Si quieres seguir nuestras publicaciones de la página de Facebook. Hazlo **aquí**

Para la versión impresa escanea el siguiente código:

Para participar en nuestro Grupo de Facebook, clica **aquí**

O escanea el código QR:

Observación:
La decisión de comenzar en el maravilloso arte del bonsái es única y personal. En todos los casos comienza con obtener el árbol. Sin árbol no hay bonsái. Por ello, si has llegado hasta esta publicación sin demasiada idea de por dónde comenzar, te aconsejamos que lo hagas desde el principio. En el Fascículo 0 de Bonsái desde cero te explicamos todas las opciones para que puedas elegir la tuya.

En los cultivos se busca conseguir partidas de plantas con similares características.

¿A qué llamamos material de vivero?

Son árboles o arbustos que los cultivos de plantas realizan tanto en el suelo como en contenedores para su comercialización y plantado en macetas o jardines. En un gran porcentaje se trata de producciones en serie destinadas a obtener muchos individuos de apariencia y tamaño similar. Por ello, en los garden center o floristerías solemos ver docenas de plantas que parecen gemelas entre sí.

¿Cómo se puede extraer de estas plantas casi idénticas un material único para mi bonsái?

Podemos decir sin temor a equivocarnos que la empresa no es fácil, pero tampoco es sencillo encontrar un bonsái comercial o un prebonsái con características únicas. Vamos a necesitar paciencia y un gran poder de observación.

Aunque una «partida» de producción las plantas parezcan iguales, no lo son en realidad. Cada una ha desarrollado unas características específicas a lo largo de su cultivo. Está en nosotros encontrar aquellas que ofrezcan las mejores posibilidades para producir un buen bonsái. A veces, lo que parece un defecto en un árbol o arbusto para el jardín se transforma en el detalle que da carácter a un bonsái. Así, por ejemplo, un arce que sería descartado como árbol por tener dos troncos, podría convertirse en un interesante sokan o la cicatriz producida por una rama rota en un manzano trabajarse como un uro que realzaría la personalidad del árbol.

Un escritor del siglo XIII, Kenko Yoshido decía:

«Apreciar y encontrar placer en árboles curiosamente curvados y en maceta es amar la deformidad»

 Como aficionados al bonsái podríamos ofendernos por las palabras de Yoshido. Sin embargo, no deja de tener algo de razón. Hace muchos años, cuando íbamos a los viveros de plantas en busca de material para hacer bonsái, los cultivadores nos decían que no sabíamos elegir, que comprábamos los peores árboles y arbustos: torcidos, rotos, envejecidos; mientras ellos intentaban producir árboles rectos, sanos y lozanos. En muchos casos nos los regalaban o bajaban sustancialmente el precio. Ellos sabían que las floristerías y los garden querían uniformidad y perfección. Algo así como sucede ahora en los supermercados con las frutas y legumbres. Y aquí te estamos dando un tip importantísimo a la hora de conseguir material de vivero para trabajar en bonsái. Si no lo has pillado te lo explicaremos luego de manera más clara.
Es interesante aclarar que la utilidad del material de vivero para bonsái dependerá del grado de evolución del aficionado. Para alguien que recién comienza puede resultar gratificante y suficiente el comprar un arbolito o arbusto de producción en serie y ponerlo en una maceta de bonsái. El cambio es bastante elocuente, incluso si solo se pinzan o aclaran algunas ramas. En cambio, cuando se avanza en la afición ya se comienzan a buscar troncos más viejos, con más carácter y variedades específicas de plantas. También los plazos varían. El aficionado novato querrá ver ya su adquisición en maceta, el avanzado observará y planificará los medios que necesita para lograr que el árbol alcance el porte y la forma deseada. Para ello utilizará todas las técnicas que conoce, desde seguir cultivando en maceta grande, ramas o ápices de sacrificio, alambrado, poda o producir madera muerta.
En el fascículo 0 de Bonsái desde Cero pusimos siete recomendaciones para quienes quieren comenzar en bonsái desde material de vivero y también sugerimos tres vídeos sobre qué buscar, qué detalles comprobar y cómo trabajar ese material básico proveniente de una producción en serie. Volvemos a ofrecerte aquí los links y los códigos QR porque creemos que pueden resultar de mucha utilidad. En cuanto a los pasos a seguir los desarrollaremos con más profundidad en los siguientes capítulos.

«A la búsqueda del tesoro». Vamos de recorrido a un garden center en busca de material para hacer bonsái. En él te mostramos qué detalles debemos tener en cuenta a la hora de elegir y qué desechar. Si tienes la versión digital pincha **aquí** para verlo. Si tienes la versión en papel escanea el código QR.

«Poda básica de picea glauca de vivero». En este vídeo hacemos el primer trabajo en uno de los árboles que compramos. Para verlo con la versión digital pincha **aquí**.

«Trabajp de poda básica en metrosideros». En este vídeo trabajamos el otro arbolito que compramos. No te lo pierdas, contiene muchos consejos interesantes. Para verlo en la versión digital, pincha **aquí.**

A estos tres vídeos que ya recomendábamos en Bonsái desde Cero Fascículo 0 vamos a agregarle uno más reciente y mostrando el trabajo de un junípero de producción en serie.
Si quieres verlo desde la versión digital de este fascículo, pincha **aquí**

Junípero de vivero antes del trabajo.

El mismo junípero de la foto anterior luego del primer trabajo de modelado.

En esta pequeña imagen de la izquierda puedes ver la evolución de este material de vivero luego de seis meses. ¡Si hasta se parece a un bonsái!

Es decir que en seis meses un aficionado que recién comienza puede tener un bonsái nada desdeñable partiendo de material de vivero que ha costado 6,50€. Un bonsái comercial de similares características ronda los 100€ como mínimo.

En los garden center las plantas se dividen por partidas y tamaño de envase.

Cómo elegir un buen material de vivero para bonsái

Como ya dijimos, la elección dependerá del objetivo del aficionado y de su experiencia. Nosotros vamos a brindarte aquí y, de acuerdo a nuestra experiencia, dos tipos de consejos. El primer tipo se refiere a tu preparación mental antes de ir al centro de jardinería y el segundo a qué buscar cuando estés allí. Sí, ¡no es broma! La mayoría de aficionados van a «pasear» al garden center sin una idea clara de lo que quieren. Miran los coníferos, luego los arces, después se dan una vuelta por la zona de bonsáis —si es que la tiene— y, ya mareados ante tanto verde, acaban eligiendo cualquier plantón con tal de tener algo que trabajar cuando vuelvan a casa. El resultado de esta práctica suele ser que, al cabo de unos meses, se han gastado el equivalente a haber comprado un árbol de buen porte y tienen muchos plantones que ni pintan maneras de convertirse en bonsái. Por eso:

- Antes de salir de casa piensa en la o las especies que quieres conseguir. Imagina incluso el movimiento del tronco y su grosor. Apunta el nombre científico si no lo sabes de memoria. Esto último te permitirá preguntar al personal de la tienda para que te indique dónde encontrarlas.

- Ponle un techo de gasto. Si son varios árboles piensa en qué presupuesto te puedes permitir para todos ellos y si estás dispuesto a invertirlo todo en uno. Si es así, determina en cuál.
- Verifica las necesidades de luz, tipo de agua y clima. Todos deseamos tener las variedades que vemos en las fotos de los libros, pero quizás algunas no se adapten al lugar, agua o clima que tienes.

Una vez en el centro de jardinería lo más inteligente sería ir a buscar las especies que has decidido trabajar como bonsái. Dependiendo del grosor de tronco que busques o del proyecto que tengas en mente irás a las partidas de maceta más grande o más pequeña. Lo importante es que te centres en lo que estás buscando. Una vez que lo encuentres sigue estos pasos:

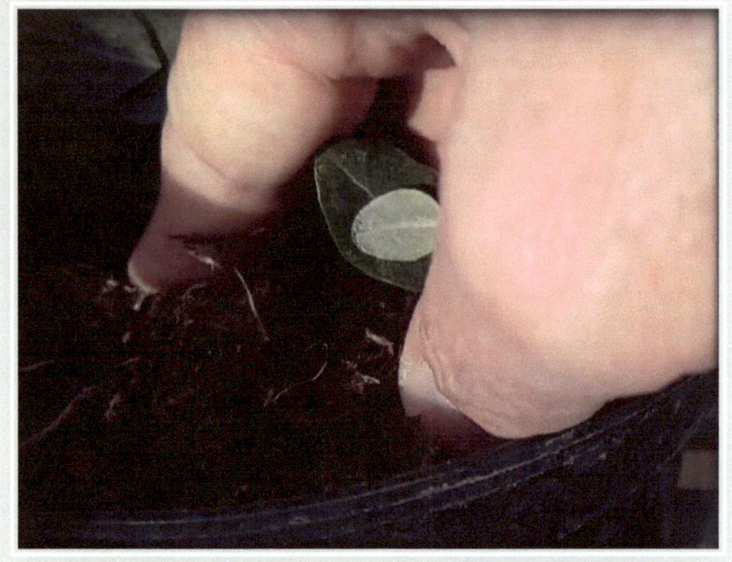

- Lo primero que hay que buscar es el nebari. Si hay raíces gruesas expuestas en la superficie de la tierra ya tienes un buen punto a tu favor. Lamentablemente esto suele ocurrir en árboles o arbustos que han sido trabajados en tiesto y por lo tanto de tronco más fino. Los de mayor porte, Los árboles de hoja caduca y algunos coníferos se suelen extraer del campo y al pasarlos a contenedor tienden a quedar las raíces gruesas por debajo del sustrato. Lo que verás es un tronco saliendo directamente de la superficie de la tierra. En estos casos es conveniente meter el dedo o un palillo chino hasta dar con las raíces gruesas.

- Verifica que el tronco se adelgace gradualmente hacia el ápice. Un tronco cilíndrico como un tubo de desagüe te obligará a realizar grandes cortes, a utilizar técnicas de vaciado de tronco (sabamiki) o a realizar sustituciones de ápice.

En coníferos, especialmente juníperos este problema tiene una solución más fácil ya que son propensos a generar madera muerta ya en la propia naturaleza.

- Observa si el tronco se afina en algún punto y vuelve luego a engrosarse o si es más fino en la base que en el resto. Este defecto tiene difícil solución. Sobre él hemos hecho un artículo completo en el Fascículo 2 de Bonsái desde Cero. Si todavía no lo tienes puedes adquirirlo **aquí** o escaneando el código QR

- Si lo que has ido a buscar es un frutal, ¡cuidado! Las flores y la fruta en un bonsái no cambian de tamaño ya que lo que hacemos es un entrenamiento, no una manipulación genética. Y tanto flores como frutos dependen de la genética del árbol.

Para que la fruta no quede desproporcionada respecto al árbol, deberás elegir variedades de fruto pequeño que suelen ser ornamentales. Así, por ejemplo, si quieres tener un kaki, deberás buscar un diospyros lotus. En cítricos un kinzu, kumquat, lemonquat o calamondín y en granados una púnica granatum nana. Hay muchas variedades silvestres de casi todas las especies que hoy se cultivan como decorativas para jardines y balcones: manzanos, peras, membrillos, etc. Si encuentras material de este tipo pueden servir perfectamente para bonsái

- ¡Cuidado con los injertos! Muchas personas creen que solo se injertan los frutales y los rosales. La realidad es que se suelen injertar arces, azaleas, fresnos y muchos más por diferentes motivos que van desde la dificultad de reproducción hasta la búsqueda de un tamaño reducido, más resistencia o mejorar la floración.

Los injertos en plantas de producción no tienen un fin estético y por ello muchas veces esta técnica produce feos abultamientos en los troncos, cambio de color en la corteza entre el patrón y el injerto o cicatrices difíciles de disimular. Lo mejor sería evitar las plantas injertadas o seleccionar muy cuidadosamente aquellas que no muestran rastros del mismo. Es bastante difícil.

Una solución podría ser acodarlas por encima del injerto para que produzcan nuevas raíces en la variedad que queremos.

Esta técnica está muy bien explicada en la clase magistral de Fabrice Huertas sobre un arce que incluimos de forma exclusiva para los lectores del Fascículo 2 de Bonsái desde Cero. Está en formato de vídeo privado y no puede verse en ninguna otra parte más que desde la publicación.

En la imagen superior podemos ver con exactitud la conicidad invertida producida en el tronco de un arce al estar injertado sobre el pie de otro arce de una variedad más rústica. Aunque no hay cambio de color en la corteza se hace necesario acodar a la altura que marca el dedo.

Cítrico calamondín de vivero injertado.

¿Qué especies debo elegir en material de vivero para bonsái?

Ya lo hemos explicado en los fascículos anteriores y volvemos a hacer hincapié en este. Aunque la tentación de comprar especies exóticas que hemos visto en fotos como bonsái sea grande, nosotros queremos que el árbol viva. Por tanto, de acuerdo con la experiencia que tengas, el clima en que vivas y el tipo de agua de que dispongas para regar debería ser la elección de la especie para trabajar desde material de vivero.

Lo más seguro sigue siendo buscar variedades de árboles y arbustos que se den bien en tu zona. Si vives en un clima como el nuestro en el que los inviernos son suaves, los veranos cálidos y el agua muy alcalina puedes decantarte por piracantas, olivos, pistachias, celtis, algarrobos, cítricos en general, cipreses, buganvillas, etc.

En cambio, si vives en lugares más frescos y lluviosos con agua más blanda te será más sencillo trabajar azaleas, arces, carpes, tejos, pinos, etc.

No caigas en la tentación de pensar que si el árbol está en un centro de jardinería de tu zona es porque se adapta a tu clima y tipo de agua. Piensa que la infraestructura de que disponen está adaptada a mantener todo tipo de plantas (agua de ósmosis, mallas de sombreo, invernaderos). Además, los árboles y arbustos pasan un tiempo relativamente corto en esos sitios hasta que se venden, se devuelven al mayorista o se secan y se tiran.

Si vas a menudo al mismo garden center habrás notado que llenan las mesas de azaleas cuando es la época de floración o de abetos y piceas al llegar la navidad. El resto del año verás otras

especies. Y es que como en todo negocio, se procura rentabilizar al máximo el espacio y atraer la atención del comprador hacia lo que mayor demanda tiene en esa época del año.

Busca variedades de hoja pequeña. Si bien las hojas pueden reducirse bastante durante el entrenamiento en maceta, siempre mantendrán una relación de tamaño con la original. Cuanto más grande sea la lámina foliar mayor deberá ser el grosor del tronco para que el conjunto se vea armónico. Este tema se hace más evidente en los árboles y arbustos de hoja compuesta. Un ejemplo típico es el de la *ceratonia siliqua,* más conocido como algarrobo europeo. Es un árbol muy bonito del que se ven pocos bonsái. La razón es que sus hojas paripinnadas reducen muy poco el tamaño salvo cuando es cultivado desde semilla en maceta. Para hacer un bonsái armónico de algarrobo nece sitamos un tronco muy grueso. Es cierto que como ocurre con otras especies de hoja compuesta es posible y lícito cortar algunos folíolos para mejorar la silueta de la copa, pero en esta especie se nota demasiado porque los raquis son gruesos y enne grecen en el corte.

Buscar material con suficiente grosor para trabajar en un centro de jardinería es algo difícil. Habrá que recurrir aquí a comprar árboles bastante altos y cortarlos drásticamente.

Sí, ¿y las grandes cicatrices? podrías preguntar. En el caso de los algarrobos, hacen uros (agujeros) en el tronco cuando crecen en la naturaleza. Es algo habitual porque suelen desgajarse con el viento. El tronco también suele ahuecarse en los ejemplares más viejos por lo que tenemos una muy buena posibilidad de trabajar imitando a la naturaleza.

Si todavía eres algo inexperto en trabajo de madera muerta es conveniente que consultes con un profesional que te asesore.

Partida de árboles frutales cultivados en el campo y extraídos para vender

¿Qué características son deseables en un buen material de vivero?

De la misma manera que expusimos en el Fascículo 2 de «Bonsái desde Cero», las cualidades de un buen material de vivero variarán de especie en especie. Al igual que en un prebonsái con el que hay muchas similitudes, no será lo mismo elegir un conífero que un caducifolio.

- **Nebari:** Como ya sabemos, el nebari es el conjunto de raíces gruesas que parten desde la base del tronco y otorgarán al futuro bonsái la sensación de un árbol bien establecido. A diferencia de los prebonsáis, las plantas de vivero no han sido trabajadas especialmente para tener un nebari. Suelen hacerlo naturalmente porque cualquier árbol o arbusto por genética desarrolla raíces gruesas que le sirvan de sostén. Aquí debemos distinguir entre árboles producidos desde esqueje y los hechos a partir de semillas. También hay diferencias entre uno cultivado en tiesto y otro a campo.
  Árboles y arbustos cultivados desde esqueje: las raíces gruesas se extienden desde el tronco hacia los laterales. Eso produce un ensanchamiento en la base ideal para bonsái. No hay raíz pivotante y la única precaución a tomar si han sido cultivados en maceta es que el tronco no continúe hacia abajo y haya producido más raíces gordas en el fondo del tiesto. En esos casos habrá que elegir entre los dos nebaris al momento de trasplantar, aunque lo mejor es evitar este tipo de formaciones. Si han sido cultivados en el campo el riesgo es menor.

Árboles y arbustos cultivados desde semilla: Los plantones suelen ser repicados en bandejas o alvéolos forestales una vez han crecido lo suficiente. Desde allí son pasados a tierra o a contenedor hasta alcanzar el tamaño adecuado para su comercialización. Son plantas que en general conservan la raíz pivotante porque de cortarla ralentizarían el desarrollo. Esta raíz se enrosca en el fondo del tiesto o continúa su crecimiento hacia abajo si es plantado en la tierra. En algunos cultivos se realiza el «desmache» (corte del pivot) antes de extraerlos de la tierra para garantizar su supervivencia. En todos los casos la presencia de un buen nebari o su posición es más azarosa que en los árboles o arbustos producidos desde esqueje o acodo. Por ello, si hemos de elegir caducifolios sería buena idea comprarlos a raíz desnuda. Ello nos permitiría seleccionar aquellos ejemplares con mejor disposición radicular.

Roble desde semilla con pivot incipiente

Un gran porcentaje de coníferos es cultivado de esta manera y en estas especies el nebari es menos importante que en el resto, por lo que podemos comprarlos con mayor tranquilidad.

Aun así, si consiguiéramos un pino con un buen nebari radial y tronco cónico, no lo vamos a desperdiciar, ¿no?

- **Conicidad del tronco:** Encontrar conicidad en árboles o arbustos de producción no suele ser tarea fácil porque no han sido trabajados para que tengan tronco cónico. Si se trata de árboles, se podan las ramas inferiores que salen del tronco hasta 1,80m que es la altura reglamentaria para arbolado urbano y luego se poda el ápice para que formen la copa. Esto podría aprovecharse en bonsái para generar un nuevo árbol a partir de un acodo efectuado sobre el tronco y cerca de las ramas. Incluso podrían lograrse varios especímenes practicando acodos sucesivos al árbol original. Este procedimiento es muy útil en el trabajo con especies que se entrenan como bonsái en estilo hokidachi (escoba invertida). Si quieres ver cómo se realiza un acodo aéreo te aconsejamos mirar el siguiente vídeo **aquí** o escaneando el código QR

En arbustos o árboles de jardín en los que se ha trabajado un tronco corto para tenerlos en maceta la alternativa es utilizar una rama para sustituir el ápice y cortar el tronco principal. En este supuesto el problema radica en que cuanto más grueso es el tronco mayor será la cicatriz que dejará el corte. El cambio de ápice también es útil para dar movimiento al tronco y en especies en las cuales la cicatrización de heridas es complicada o nula en maceta, siempre se puede realizar un uro o tronco hendido.

- **Ramas:** Cuanto más ramas tenga el material, más posibilidades de diseño. Es importante que en arbustos haya ramas bajas y no demasiado gruesas. También deberíamos contar con ramas más altas que también sean finas. Trabajar con ramas delgadas, salvo en pinos y juníperos nos permitirá darles la forma que mejor se adapte al diseño del futuro bonsái. De lo contrario habrá que rehacerlas partiendo de yemas axilares o de pequeños tocones. Muchos aficionados se afanan en intentar doblar ramas gruesas en árboles de escasa elasticidad como el olivo. El resultado es decepcionante. Por más alambre que le pongamos suelen quedar como un arco de tirar flechas y visualmente parecen artificiales. Lo mejor es trabajar con ramas jóvenes a las que podamos darles el movimiento que sea necesario para que acompañen al tronco y todo el conjunto se vea armónico.
  En árboles como los que mencionamos más arriba, si no realizamos un acodo, no queda otra solución que cortar el tronco bastante más bajo de lo que será la altura total del futuro bonsái y esperar que rebrote para seleccionar una rama y utilizarla como nuevo ápice. Nunca intentes hacer ramas y tronco de manera simultánea. La explicación en el vídeo que puedes ver **aquí**. O escanea el código QR

En la fotografía de arriba puedes ver el efecto visual que produce una rama gruesa con forma de arco que ha sido alambrada (y marcada). No se trata de un material de vivero, ni siquiera de un prebonsái. Es una casuarina equisetifolia ejemplar de precio elevado. La rama en cuestión está ubicada casi en el tercio superior del árbol.

- **Carácter del tronco:** ¿Qué diferencia hay entre un buen prospecto de bonsái y uno excelente? El carácter, la personalidad que harán de ese árbol un ser único. Y esa personalidad suele dársela un pequeño detalle, a veces un defecto. Por ejemplo, un árbol o arbusto al que se le ha roto una rama o se ha desgajado y con el tiempo se ha cerrado formando un agujero cerca de la base del tronco puede tener un gran futuro como bonsái. Todo lo demás se puede rehacer, la conicidad o las ramas, en cambio esa particularidad natural será muy difícil de reproducir porque los bonsaístas imitamos a la naturaleza, pero jamás lograremos igualarla. Entonces ten los ojos muy abiertos para descubrirlos entre un montón de ramas y hojas.

En la foto de la derecha puedes ver un granado nejikan que compramos para la Escuela. La estructura del árbol no valía nada, pero el tachiagari (dentro del círculo) le otorgaba un carácter excepcional.

¿Dónde se consigue el mejor material de vivero para bonsái?

El secreto mejor guardado de los aficionados veteranos.

Si le preguntas a cualquier aficionado avezado en qué centro de jardinería o vivero compra los árboles para trabajar, te contestará con evasivas. Es como pretender que un recolector de setas te revele los lugares en que seguro hay níscalos. Y es que quienes llevan años en este arte del bonsái saben con certeza dónde hallar los especímenes más adecuados a fuerza de buscar y recorrer.

Los garden center de primera línea y los centros de jardinería más importantes tienen una rotación de stock muy alta. Siempre intentan conservar sus exposiciones impecables y adelantarse a los requerimientos de sus clientes en cada temporada. Cada rincón está cuidadosamente planeado para que haya partidas de árboles o arbustos de tamaño y forma similar. No hay lugar para plantas solitarias envejecidas, fatigadas o que han sufrido algún percance. En esos sitios es muy difícil encontrar algo único para trabajar.

En cambio, los pequeños establecimientos suelen tener un rincón fuera de la vista del público en el que sitúan a las plantas maltratadas o que llevan mucho tiempo sin venderse con el objetivo de recuperarlas y volverlas a colocar en las estanterías.

Algo similar, pero por otros motivos ocurre con grandes viveros de producción que tienen venta al público. Allí siempre hay árboles y arbustos que han quedado sin enviar a los minoristas debido a falta de demanda o a que no tienen la misma talla que el resto de sus congéneres.
De cuando en cuando hacen limpieza y las plantas envejecidas son eliminadas, pero mientras tanto son un paraíso en el que podemos encontrar verdaderas maravillas.

En sitios como el que muestra esta imagen pueden encontrarse excelentes prospectos para bonsái.

En algunos países existen negocios a pie de carretera que comercializan frutas, productos regionales y, a veces, plantas que ellos mismos desarrollan desde semilla, acodo o esqueje a partir de los árboles o arbustos que crecen en su finca.
Incluso suelen ofrecer lo que otros pequeños productores de la zona cultivan a precios muy accesibles.
Estos también son buenos lugares para explorar en busca de material.
De paso, ayudamos al comercio local y a la producción artesanal que lucha por subsistir.

Es cierto que ir a lugares como los que sugerimos en este punto parece contradecir los consejos que hemos dado respecto a la condición fitosanitaria de las plantas. Siempre hemos sugerido revisar el material para detectar posibles plagas, verificar que las hojas y brotes se encuentren lozanos y vigorosos o desechar aquel que muestre signos de haber padecido deshidratación o exceso de agua. Y, precisamente todo eso que desaconsejamos es posible encontrarlo en arbustos y árboles que no han estado cuidados de la mejor manera.

Aquí debemos hacer un ejercicio de valorar entre riesgos y beneficios. Es obvio que no vamos a adquirir un árbol moribundo por mejor tronco que tenga, ni uno con una plaga evidente. Deberemos buscar que esté sano, que tenga brotes nuevos y esté recuperándose del estrés que haya padecido. Es por ello que a estos lugares suelen ir personas que tienen alguna experiencia y pueden ver el potencial de un material poco llamativo a los ojos del principiante.

Sería interesante contar con alguien que nos asesore las primeras veces hasta que podamos ver por nosotros mismos la conveniencia o no de invertir en una u otra planta. Aun así, hay un dicho que expresa:

«Al mejor cazador se le va la liebre»

Muchos aficionados avezados suelen perder árboles con potencial que han comprado estando débiles. Es parte del riesgo y también puede suceder al comprar en centros de jardinería de primera línea o un bonsái ya hecho. Los árboles son seres vivos y como tales la muerte forma parte de su posible futuro. Más todavía cuando hemos de manipular sus ramas y raíces.

Lo único que podemos hacer es minimizar ese riesgo todo lo que nos sea posible. De allí las recomendaciones sobre la salud de los especímenes que adquieras. Al menos, si se muere un proyecto de bonsái que no sea por desidia a la hora de verificar su estado.

De la misma manera que nadie te dirá dónde compra el material de vivero, tampoco te dirán cuánto de ese material acaba en la estufa de leña. Ya está asumido que alguno acabará secándose. Por ello, la gran mayoría de los «cazadores de material para bonsái» son regateadores profesionales en el precio. Ellos saben que ese material no es apto para un jardín o un balcón y recuperarlo podría llevar al viverista una ingente cantidad de tiempo y recursos. También saben que cada temporada muchos de esos ejemplares acabarán en la basura. Hay que hacer sitio y los que no estén en condiciones solo producen gastos sin ningún beneficio. En definitiva y, por más que quien regente un garden center o centro de jardinería sea amante de la naturaleza, no deja de ser un negocio y las plantas una mercadería perecedera.

De allí que luego de verificar el potencial del espécimen, miren el precio si todavía está visible. En general nunca eligen un solo árbol o arbusto, hacen un lote y preguntan al propietario o vendedor qué precio les hace por todo. Es muy común que los descuentos sean importantes. ¿Quién no querría deshacerse de mercadería poco vendible y recuperar algo de su valor?

Si te decides a comprar este tipo de árboles como material para bonsái tendrás que tomar algunos recaudos luego de su adquisición y habrá operaciones que debes realizar y otras que no tienes que llevar a cabo bajo ningún concepto:

- Busca un lugar adecuado para colocarlo. Piensa que es una planta que está en proceso de recuperación. Ni a pleno solo ni tampoco en la sombra total. Investiga las necesidades de la especie.
- Revisa el sustrato en que está plantado. Si es excesivamente compacto puede que por más que lo riegues, el agua resbale por la superficie. De ser así sería conveniente sumergirlo en un recipiente con agua hasta la base del tronco y dejarlo hasta que acabe de soltar burbujas. Puedes agregar al agua un compuesto en base a vitamina B1, algas y hormonas que esté formulado para estimular el crecimiento, pero que no sea fertilizante (NPK 000).
- Si ha sido un conífero o un árbol de hoja perenne cultivado a campo y la tierra sigue compacta a pesar de la hidratación puedes realizar agujeros en ella mientras está húmeda agregando un sustrato poroso como akadama o ladrillo molido. Hay un vídeo que puedes consultar con un caso parecido. Si quieres verlo haz click **aquí** o escanea el código QR

- No comiences a entrenar tu nueva adquisición como bonsái hasta que no lo veas fuerte.
- Trasplanta en cuanto sea el tiempo adecuado y el árbol esté en condiciones. La maceta de bonsái puede esperar. Es preferible ampliar la maceta para generar raíces fuertes nuevas. Siempre puede reducirse cuando alcances el objetivo deseado. Puedes ver este otro vídeo sobre el tema haciendo click **aquí** o escaneando el código QR

¿Qué grosor de tronco debo buscar en material de vivero?

Un tema bastante difícil porque dependiendo del bonsái que quieras lograr el material a elegir puede no tener nada que ver con la idea de un bonsái. Recordemos lo que dijimos cuando hablamos de las especies: necesitamos un tronco lo suficientemente grueso como para que sea armónico con la altura del bonsái que pretendemos crear. Conseguir en material de vivero ese grosor con conicidad es complicado por lo que muchas veces deberemos apelar a árboles mucho más altos y cortarlos algo por debajo de la altura final para producir un nuevo ápice a partir de una rama que de momento ni siquiera existe. En coníferos como los que vemos arriba quizá sea necesario plegarlos hasta llevar el verde a la altura deseada. Y allí comienza el gran desafío de crear un bonsái a partir de material de vivero.

Es decir que de acuerdo a la especie tendrás que mirar como ya hemos dicho el nebari y el tachiagari que es la porción siguiente. Si el nebari es aceptable y el tachiagari nace más grueso y se afina hacia arriba, puede servir, aunque sea necesario practicar un gran corte en el tronco.

Hace años al cortar un tronco se procuraba que la herida quedara en la parte trasera del árbol. Como los bonsáis se observaban desde el frente, la cicatriz pasaba desapercibida. Hoy en día la tendencia es que puedan apreciarse desde todos los ángulos por lo que esa táctica es cada vez menos viable. **¡El bonsái evoluciona!**

Solucionar la visibilidad de ese corte cerrándolo, practicando uros o realizando madera muerta dependerá de nuestra habilidad, del tiempo que le demos al cultivo y también de la especie de que se trate. Podemos practicar madera muerta si se trata de un conífero, pero habrá que pensar que, si se trata de un pino o un tejo, en la naturaleza no hacen jins muy largos, aunque son prolíficos en sharis. En cambio, los juníperos aceptan ambas técnicas con total naturalidad.

Los árboles de hoja, quitando los olivos, no suelen hacer jins o sharis sino uros y troncos hendidos. Todo ello habrá que calcularlo al momento de seleccionar el grosor de tronco que necesitamos. El aficionado principiante suele buscar arbustos o árboles bajos en los viveros. La mente, si no está adiestrada no ve lógico comprar un tronco de dos metros para crear un bonsái de 60 cm. El problema es que los troncos de esas plantas más bajas suelen dar como mucho para un mame o un shohin. Si son esas medidas las que te agradan, la elección resultará mucho más sencilla.

Hay tantos gustos en cuanto a tamaños de bonsái como aficionados. A muchos les atraen los árboles grandes e imponentes, otros prefieren los más pequeños. La mayoría se inclina por los tamaños medios. Ya lo hemos explicado en dos fascículos anteriores, pero por la relevancia del tema volvemos a recordar aquí que los japoneses establecieron una escala con nombres diferentes para los distintos rangos de medida.

Como en bonsái hay diversas escuelas, los tamaños varían algo en nombre y altura, aunque no demasiado:

- **Shito o Keshitsubo bonsái:** menos de 8cm de altura.

- **Mame bonsái:** hasta 12 o 15cm.

- **Shohin o Komono bonsái:** hasta 20cm.

- **Chumono bonsái:** hasta 60cm.

- **Omono bonsái:** entre 60 y 130cm.

- **Hachi - Uye:** mayor de 120 – 130cm.

¿Qué relación hay entre la altura y el grosor del tronco?

La regla general hace alusión a que la altura final del bonsái debería ser aproximadamente seis veces el grosor del tronco en la base, siempre refiriéndose a los estilos erectos de un solo tronco. Eso no quiere decir que los bonsáis más altos o más bajos no puedan ser excelentes ejemplares, pero nos da una idea para comenzar.

Así un shito bonsái debería tener al menos 1cm de diámetro en la base (la mayoría tienen más), un mame bonsái entre 2 y 3cm, un shohin bonsái 4cm y así sucesivamente. Si te gustan los árboles grandes como los chumono bonsái deberás trabajar con troncos de al menos 10cm en la base. Si quieres un árbol esbelto puedes llegar a 60cm con 7cm de nebari.

Con el tiempo y la experiencia comprenderás que nadie te medirá el nebari y la altura, ni siquiera tú mismo. Es que las reglas en bonsái son una forma de medir la armonía. Lo importante será entonces que tu árbol se vea armónico y si lo compruebas verás que no escapará demasiado a los valores que fija la regla.

Hay estilos que escapan a todas las reglas. Uno de ellos es el bunjin o estilo literario. Se trata de árboles muy esbeltos con troncos generalmente sinuosos y delgados y muy pocas ramas. Este estilo imita los rasgos de la caligrafía japonesa, de allí el nombre de literario.

Muchos aficionados y profesionales creen que cuando tienen un tronco fino y sinuoso la solución por descarte es hacer un bunjin. Nada más alejado de la realidad. En un bunjin el protagonista es el tronco y las ramas son una pincelada que completa el conjunto. Es un estilo muy difícil.

Veamos las opciones que ofrece un tronco alto, esbelto y muy llamativo en el diseño de un bonsái en la siguiente demostración que puedes ver **aquí**. Si tienes la versión impresa escanea el código QR.

Algo similar a lo que sucede con el bunjin pasa con los tamaños más pequeños. Si buscas por internet verás la cantidad de arbolitos del grosor de un bolígrafo o poco más con cuatro ramas que se venden como shohin o mame bonsái.

Es cierto que el término bon-sai significa planta o árbol en una maceta o bandeja, pero también es cierto que es un arte y como tal, el resultado de esa expresión artística debería ser lo más parecido a un árbol adulto visto a más distancia cuanto más pequeño sea.

Si quieres ver en primer plano cómo se diseña y modela un shohin (17cm) te invitamos a ver la demostración del maestro Hiroki Miura, vicepresidente de la Japan Shohin Bonsai Association sobre un *juníperus chinensis var. Itoigawa.* Esta demo fue transmitida en parte en directo para el canal de Youtube de la Escuela Mediterránea de Bonsái & Jardinería y luego recopilada en exclusiva para el mismo canal.

Si quieres ver el vídeo completo de esta demostración puedes hacerlo **aquí** o escaneando el siguiente código QR.

Lo de la imagen superior NO es un mame bonsái desde el punto de vista del arte del bonsái.

Artículo paso a paso de cómo trabajar material de vivero para bonsái

Quizás después de leer las páginas anteriores te ha parecido que trabajar material de vivero para hacer bonsái es excesivamente complicado. Más todavía si recién comienzas. Por ello vamos a incluir este artículo exclusivo que calmará tu ansiedad. ¡Se puede trabajar material de vivero y hacerlo bonsái bastante rápido! Si has elegido el árbol adecuado. Para nosotros mismos no ha sido fácil. Hemos recorrido varios centros de jardinería, desde los que recomendamos hasta los de primera línea. Quizás sea la época del año. Al momento de redactar este cuarto fascículo de «Bonsái desde Cero» estamos al final de un verano bastante duro en la costa mediterránea. Muchas plantas no están en condiciones debido al calor, a la falta de riego o a la fatiga de no tener suficientes nutrientes en la maceta en la que están. Sabemos que es frustrante no encontrar nada que valga la pena, pero quien busca encuentra y finalmente hemos hallado algo válido para hacer este paso a paso y también un desafío que asumiremos en el vídeo exclusivo que podrás ver más adelante. Son dos materiales muy distintos con distintos tiempos de realización y técnicas bastante diferentes.

¡Comencemos!

Su nombre es *chamaecyparis obtusa gracilis nana* y en Japón es conocido como Ciprés Hinoki. Es un árbol muy respetado que se encuentra plantado a la entrada de muchas pagodas.

La diferencia entre el Ciprés Hinoki y el que vamos a trabajar consiste en la subespecie «gracilis nana» que indica por una parte su crecimiento lento, aunque puede alcanzar los 11metros de altura, la forma semi péndula de sus ramas y lo etéreo del follaje.

El verdadero ciprés hinoki tiene un porte más rígido en general, por ello suelen llamarle el ciprés de cera o de piedra, aunque siga sin ser un verdadero ciprés. Todas las variedades se pueden trabajar de la misma manera.

Hechas las presentaciones vamos a ver por dónde comenzamos.

Ya lo hemos dicho en fascículos anteriores en los que describíamos otras maneras de comenzar a hacer bonsái. Independientemente del origen del árbol, necesitamos realizar algunos pasos para iniciar su entrenamiento como bonsái. Y además hay que seguir un orden:

1. Descubrir el nebari
2. Determinar el frente
3. Seleccionar las ramas

Antes, retiramos el árbol del tiesto para poder trabajar con más comodidad.

También nos dará una idea de la cantidad de raíces que tiene el cepellón y el estado de salud de las mismas.

Descubrir el nebari:

Es imprescindible realizar este paso en primer término porque sucede bastante a menudo que las raíces gruesas estén unos centímetros por debajo de la superficie del sustrato. En esos casos, el frente puede variar y también la altura del futuro bonsái y la posición de las ramas. Para esta operación necesitamos un palillo de bambú con el que desmoronaremos las primeras capas de tierra y un rastrillo kumade para desenredar las raíces superficiales.

El nebari que hemos descubierto es casi insignificante. Nada sorprendente si tenemos en cuenta que este tipo de material está hecho desde esqueje, cultivado primero en alvéolo y luego traspasado al tiesto. Las raíces gruesas suelen dar vueltas en la superficie y, a veces, como en este caso tienden a subir. La falta de nebari no es importante por tratarse de un conífero. Lo que sí es muy significativo es que el árbol «ha crecido» casi 2cm como puedes ver por la marca oscura dentro del círculo. Incluso la idea que teníamos al comprarlo se ha visto alterada y deberemos variar el diseño que habíamos planificado inicialmente.

Si observas la posición de la rama señalada con una flecha y la comparas con la fotografía siguiente comprenderás el cambio que ha sufrido la altura del árbol al despejar el nebari.

Peinar la superficie del sustrato en busca de raíces gruesas es una tarea bastante tediosa. En especial cuando se trata de árboles trabajados en tiesto y cultivados en mezclas turbosas.

Descubrir que aparecen algunas raíces más gordas que salen desde el tronco podría parecer suficiente para el aficionado, incluso el avanzado. Nosotros sabemos por la experiencia de muchos años que, al menos, debe haber una raíz mucho más gruesa y un engrosamiento en la base del tronco.

Por ello seguimos limpiando.

Las raíces marcadas con una flecha no pertenecen al nebari

Finalmente encontramos lo que estábamos buscando. Podemos dejar de despejar el nebari y continuar con el siguiente paso.

Como no existen dos árboles iguales pese a que hayan estado producidos de la misma manera, lo que has visto hasta ahora es un caso particular. Si hemos de dar una norma general para despejar el nebari sería: **«mientras el tronco continúe hacia abajo es conveniente seguir limpiando la tierra y raíces finas que hay más arriba»**.

Elegir el frente:

En función del nebari que hemos encontrado y del cambio de altura del árbol —finalmente creció 3cm— es el momento de elegir el frente. Ya hemos dicho en fascículos anteriores que los árboles, como las personas, tienen un frente y una espalda. El frente es la parte en que se ven las mejores cualidades: movimiento del tronco, conicidad, no hay ramas hacia el observador y las raíces del nebari se distribuyen de manera radial dando la sensación de naturalidad y estabilidad. En el caso de coníferos y en especial cipreses y juníperos el tema del nebari radial pierde importancia debido a que el punto focal suele estar situado en otras zonas del bonsái y el equilibrio establecido por la disposición de las ramas. Luego de observar a nuestro «Ciprés Hinoki» hemos decidido que el mejor frente ha de ser este:

Marcamos el frente con un trozo de alambre clavado en el sustrato para que sea visible en futuros trabajos.
A partir de ahora definiremos las ramas y el ápice desde esta perspectiva

La elección está basada en la posición de las ramas y el movimiento del tronco y no en la forma del nebari. Hemos encontrado que a partir de la mitad hay dos ramas principales que van hacia arriba y hacen de ápice. Una de ellas tiraría el árbol hacia atrás y su movimiento es contrario al que necesitamos. Deberemos quitarla.

¿Por qué el árbol no puede inclinarse hacia atrás?

Otro problema con el que nos encontramos es que para acentuar el movimiento del tronco deberemos cambiar la posición de plantado. Vamos a colocarlo ahora en dicha posición con la ayuda de cuñas para poder trabajar las ramas.

Ahora podemos apreciar mucho mejor el movimiento del tronco. El primer tramo tiene un leve movimiento hacia la derecha, el segundo a la izquierda y la rama que hará de ápice vuelve a inclinarse hacia la derecha dando idea de equilibrio. El resultado final será un moyogi (vertical informal) si lo hemos de catalogar dentro de los estilos de bonsái.
¿Por qué un moyogi?
Cuando trabajamos en bonsái debemos tener en cuenta la especie y su desarrollo. No olvidemos que estamos haciendo una copia en miniatura de lo que es el árbol en la naturaleza. En el caso que nos ocupa, el ciprés Hinoki suele crecer recto o con leves ondulaciones en su tronco. La razón es el tipo de madera que tiene. Por ello es raro ver a esta especie tomando las formas caprichosas de un junípero.

En Japón, el ciprés Hinoki es cultivado por su madera de altísima calidad. Es de grano duro y recto, resistente a la pudrición y tiene aroma a limón. Con ella se construyen templos, palacios, santuarios, baños y hasta palas de tenis de mesa.

El palacio de Osaka fue construido con madera de ciprés Hinoki

Seleccionar las ramas:

En un bonsái de un solo tronco y estilo erecto, como es el caso de este Hinoki, buscamos equilibrio y armonía. Para lograrlo, la primera rama (ichi-no-eda) debe estar ubicada aproximadamente en el punto focal del árbol que se halla a un tercio de la altura total contando desde la base. La orientación es hacia adelante del tronco sin que se vea forzada. Es la rama principal, más gruesa y potente. La segunda (ni-no-eda) crece en sentido contrario, algo por encima de la primera, orientada ligeramente hacia atrás del eje del tronco. Es algo más fina y oficia de contrapeso a la primera dando sensación de estabilidad.
Entre la primera y la segunda es ideal que tengamos una rama posterior.
Las ramas siguientes deberían subir por el tronco a modo de una escalera de caracol e irse acortando y afinando a medida que se acercan al ápice.
En el frente del árbol no debería haber ramas que salgan hacia el observador, salvo en el último tercio cerca del ápice. Allí una pequeña rama que oculte con sus hojas parte o todo el tronco le dará al conjunto profundidad y realismo.

Si volvemos a nuestro proyecto vemos de manera muy evidente que estas directrices no se cumplen. La primera y segunda rama nacen del mismo lado. Esto en la naturaleza no es posible. Una rama sobre otra hará que la más alta sombree a la de abajo y esta se debilitará y morirá al no recibir luz solar.

Debemos eliminar una de las dos ramas marcadas con una flecha. La de abajo sale de la parte exterior de una curva y eso es bueno, dejarla acentuará el movimiento del árbol al engrosar allí el tronco. El problema es que se halla un poco baja para la altura total. La de arriba crece en el inicio de la concavidad del tronco, lo que no es muy bueno, aunque está bien posicionada y tiene buen grosor. Es una decisión difícil para cualquier aficionado.

Antes de continuar te aconsejamos hacer un pequeño ejercicio y preguntarte cuál cortarías tú. Puedes incluso tapar de manera alternativa ambas ramas y así ver qué quedaría mejor. Luego podrás comparar con lo que hicimos nosotros.
Si no coincide no quiere decir que tu opción esté mal, solo quedarán dos bonsáis distintos.

Nosotros decidimos cortar la rama del medio. Hemos dejado un pequeño tocón para hacer un jin muy corto. Esta especie no los hace muy largos. Puede que tú hayas elegido la más baja y que esta opción te de la sensación de que hay demasiado espacio entre la primera y la segunda. Es verdad, a simple vista queda un hueco enorme. Sin embargo, debemos pensar que la primera rama es excesivamente larga y horizontal (está aproximadamente en la posición que tendrá), pero la segunda apunta demasiado hacia arriba. Cuando la bajemos dará la sensación de que hay menos espacio entre ellas. Además, necesitamos lugar para la tercera y reducir la altura del árbol puesto que es demasiado alto para el tronco que tiene.

Hemos llegado a un punto de inflexión entre tener un arbolito rápido en una maceta de bonsái o hacer bonsái de calidad.

Si tu objetivo es el primero, corta la rama de abajo, reduce un poco el largo de las ramas, pinza y planta en una maceta más plana. Será demasiado grande, pero ya podrás reducirla en sucesivos trasplantes. Si en cambio quieres llevar tu ciprés Hinoki a un nivel más alto tendrás que quitar la del medio y preparar toda la estructura para el futuro. Y eso implica seguir podando aunque en un inicio el árbol no se vea tan «lleno».

Y eso es lo que haremos a partir de aquí: dejar solo lo que utilizaremos en un futuro para alambrar, dar forma y lograr un bonsái armónico y equilibrado. Con este tipo de material el trabajo es desarmar la estructura que tiene, adaptarla y dejar crecer las ramas de una manera ordenada.

Vamos a continuar hacia arriba. En bonsái trabajamos de lo general a lo particular. Primero determinamos la estructura básica hasta el ápice. Es decir, quitamos todas las ramas que están ubicadas en una mala posición y dejamos solo aquellas que servirán como base al futuro bonsái. Como puedes ver en la foto, después de la segunda rama, este ciprés parece un cogollo de alguna verdura.

Esto es debido a la presencia de dos ápices, dos ramas que crecen hacia arriba de las cuales deberemos quitar una. Dejaremos la de delante que se inclina hacia el espectador y como solo tenemos una rama que puede servir de posterior aunque esté mál ubicada, no la eliminaremos del todo dejando los brotes de la base para que, en el futuro, nos puedan servir para crear una rama de profundidad.

Al acortar esta rama a su mínima expresión, el ciprés se verá muy plano, pero no podemos dejarla tal y como está.

Este es el resultado de la poda anterior vista desde el frente. Como puede verse ya se aprecia la línea del tronco y el esqueleto de ramas del futuro bonsái.

Para continuar con la selección necesitamos limpiar el tronco y las axilas de las ramas de brotes indeseados arrancándolos directamente con los dedos. Al estar en la parte superior es aquí donde se producen con más profusión al ser la zona más joven y potente. Ello nos permitirá ver y decidir qué cortar y qué dejar de las ramas más gruesas y así acabar de definir su estructura.
Como norma general podemos decir que esta limpieza se basa en ir dejando brotes a un lado, al otro y hacia atrás de manera escalonada a medida que subimos hacia el ápice. Luego podremos corregir y quitar algunos otros si nos parece.

Al llegar a la rama de la derecha se nos hace evidente que está demasiado tupida y es excesivamente larga. No tiene sentido ponernos a limpiar brotes que luego vamos a eliminar. Al mismo tiempo el largo de esa rama del tercio superior es crucial para luego determinar hasta dónde acortaremos la primera y la segunda.

Recordemos que la silueta de casi todos los coníferos, no de «todos» los bonsáis como suelen predicar algunos aficionados, pueden inscribirse dentro de un triángulo. Por ello, la longitud que dejemos a esta rama determinará la anchura del triángulo en la base.

La experiencia y la visión de conjunto a futuro es lo que nos da el punto preciso en el que cortar. Si no la tienes puedes podar más largo y ajustar luego. Siempre es mejor en el caso de coníferos.

Date cuenta por la fotografía que hemos fijado el punto dónde cortar y luego verificamos con la mirada si es correcto.

Luego del corte limpiamos lo que queda de rama dejando los brotes secundarios que salen de manera alternada hacia uno y otro lado. Repetimos el mismo proceso en la segunda rama ubicada a la izquierda. El resultado es el que puede verse en la foto de la página siguiente.

Todavía nos queda aclarar el último tercio del ciprés. Está demasiado denso y confuso. Habrá que seleccionar entre las ramas tiernas que lo pueblan y dejar aquellas que no se hagan sombra entre sí. En realidad, si nos ponemos a pensar todo el trabajo es una repetición de las mismas técnicas que vamos aplicando de lo general a lo particular y viceversa: limpiamos, aclaramos, acortamos hasta obtener una estructura básica similar a la de un árbol adulto que crece en la naturaleza.

El verdadero reto consiste en ponernos frente al árbol y hacerlo.

Importante:

Por si no lo sabías, trabajar en bonsái es más parecido a practicar artes marciales que lo que muestran las pelis de Karate Kid. Te explicamos por qué: para diseñar un bonsái a partir de un material ya crecido -llámese planta de vivero, yamadori o araki- hay que observar muy bien sus puntos fuertes, las distintas posibilidades, estudiar al árbol para descubrir «el bonsái que hay en él». Para ello es necesario concentrar la mente solo en el árbol al igual que en karate se hace con el momento previo al golpe. A esto se le llama «kime». Luego hay que fluir, dejar que las manos trabajen, que vayan limpiando y podando. A esto se llama «mushin» en las artes marciales. Kime y mushin van unidos y se alternan permanentemente durante todo el proceso creativo

Una vez limpio procedemos a pinzar las puntas demasiado largas con los dedos. Esta operación se llama «metsumi» y se realiza estirando o cortando con las uñas. Se hace así para evitar el amarronamiento en la zona de corte.

Ahora vamos a la espalda del árbol. Aquí habíamos dicho que salía un segundo ápice hacia atrás que habíamos cortado parcialmente y dejado los brotes en su base para aprovecharlos como posibles ramas posteriores.

Hemos marcado con un círculo el segundo ápice amputado y con una flecha una rama que podría utilizarse como posterior, aunque su posición no nos convence demasiado. Cuando la alambremos para llevarla hacia atrás puede que quede un arco un tanto artificial.
Si el brote que hemos dejado en la base del tocón prospera, haremos un pequeño jin con el trozo de tocón que sobresale.
La razón por la que somos precavidos a la hora de no quitar posibles ramas posteriores es que no las hay en el resto de la primera mitad. La mejor ubicación para la primera rama de profundidad sería entre la primera y la segunda. Al no haberla, buscamos dejar alguna algo más alta. Es un inconveniente de esta especie el hecho de que rebrota muy mal desde el tronco por lo que las posibilidades de conseguir que crezca algo a partir de corteza vieja son casi nulas.

Volvemos al frente y vamos a transformar dos pequeños tocones en jins y un shari que de algo de carácter a la zona entre la primera y segunda rama. Recordemos algo que dijimos al principio de este artículo:

«En el caso de coníferos y en especial cipreses y juníperos el tema del nebari radial pierde importancia debido a que el punto focal suele estar situado en otras zonas del bonsái y el equilibrio establecido por la disposición de las ramas».

Para este trabajo utilizamos la podadora cóncava o «kuikiri» que nos permite recortar la corteza alredededor de la base del tocón.

Para pelar el jin usamos la pinza de jins que sirve también para atar los alambres que sujetan los árboles al tiesto. El shari se logra dejando una pequeña porción de corteza sin cortar y estirando de ella. Hay que tener mucho cuidado en este tipo de operaciones porque podemos eliminar el flujo de savia hacia otras ramas provocando la muerte de las mismas.

En la foto de la izquierda puede verse el jin y su continuación en un shari.

De momento los dejaremos así hasta que la madera seque y se forme el labio de cicatrización. Entonces podremos trabajar la madera muerta, ampliar el shari hacia el frente si es necesario y darle al jin el aspecto de una rama desgajada por las inclemencias del tiempo. Aquí no pondremos ningún tipo de pasta cicatrizante,

donde sí lo haremos será en el tocón que dejamos en la parte trasera.

 Allí nos interesa evitar que haya una retracción de savia que se lleve por delante los brotes que pretendemos hacer desarrollar como rama posterior.

Modelado de las ramas:

Es el paso que seguiría en la continuación de este ciprés Hinoki: colocar las ramas en su lugar desde la más gruesa a la más fina. En este caso lo haríamos con alambre y ello nos permitiría afinar la figura del árbol, reducir algo más la altura al acentuar los movimientos del tronco en la mitad superior y obtener algo que se pareciese a un bonsái. Pero... Deberíamos dejar el pan de raíces tal y como está y, no nos gusta nada la mezcla de cultivo que tiene. Conserva demasiada humedad. En el caso de los coníferos hay una regla de oro que es preferible acatar:

«Si trasplantas no alambres y si alambras no trasplantes»

Por eso vamos a quitar algo más de sustrato dejando el del centro. Ya sabemos que «nunca» hay que trasplantar un conífero a raíz desnuda y tampoco lavarle las raíces. La idea es que produzca buenas y saludables raíces finas en una mezcla más porosa. De esa manera podremos eliminar la tierra del centro sin temor.

Como no vamos a alambrar utilizaremos la poda para acentuar el movimiento del tronco en el último tercio y reducir la altura total. Si observamos, el tramo final del ápice es demasiado recto. Lo cortaremos por encima de una rama que va en sentido contrario.

Todavía podríamos haber reducido más, pero en unos meses sí que alambraremos y esa porción extra servirá para doblar y crear un nuevo ápice.

El trasplante:

Si fuese uno más de los árboles que trabajamos de manera habitual en la Escuela Mediterránea de Bonsái & Jardinería, lo trasplantaríamos a una maceta de entrenamiento de boca ancha y poco profunda. Allí lo trabajaríamos hasta que esté muy avanzado: alambrado, pinzado, madera muerta. Recién en ese momento lo pasaríamos a una maceta de bonsái. Sin embargo, este trabajo tiene como objetivo ayudar al aficionado novato y también darle la satisfacción de ver un arbolito en su maceta como bonsái. Por ello hemos decidido llevarlo a una, aunque no sea la definitiva. Con seguridad quedará un poco alto y algo desproporcionado (falta reducir más la masa radicular), pero creemos que será suficiente para dar idea de cómo quedará.

La maceta que vamos a emplear suele utilizarse para paisajes o pequeños bosques y la prepararemos colocando rejillas en los drenajes y alambres para atar el árbol al tiesto.

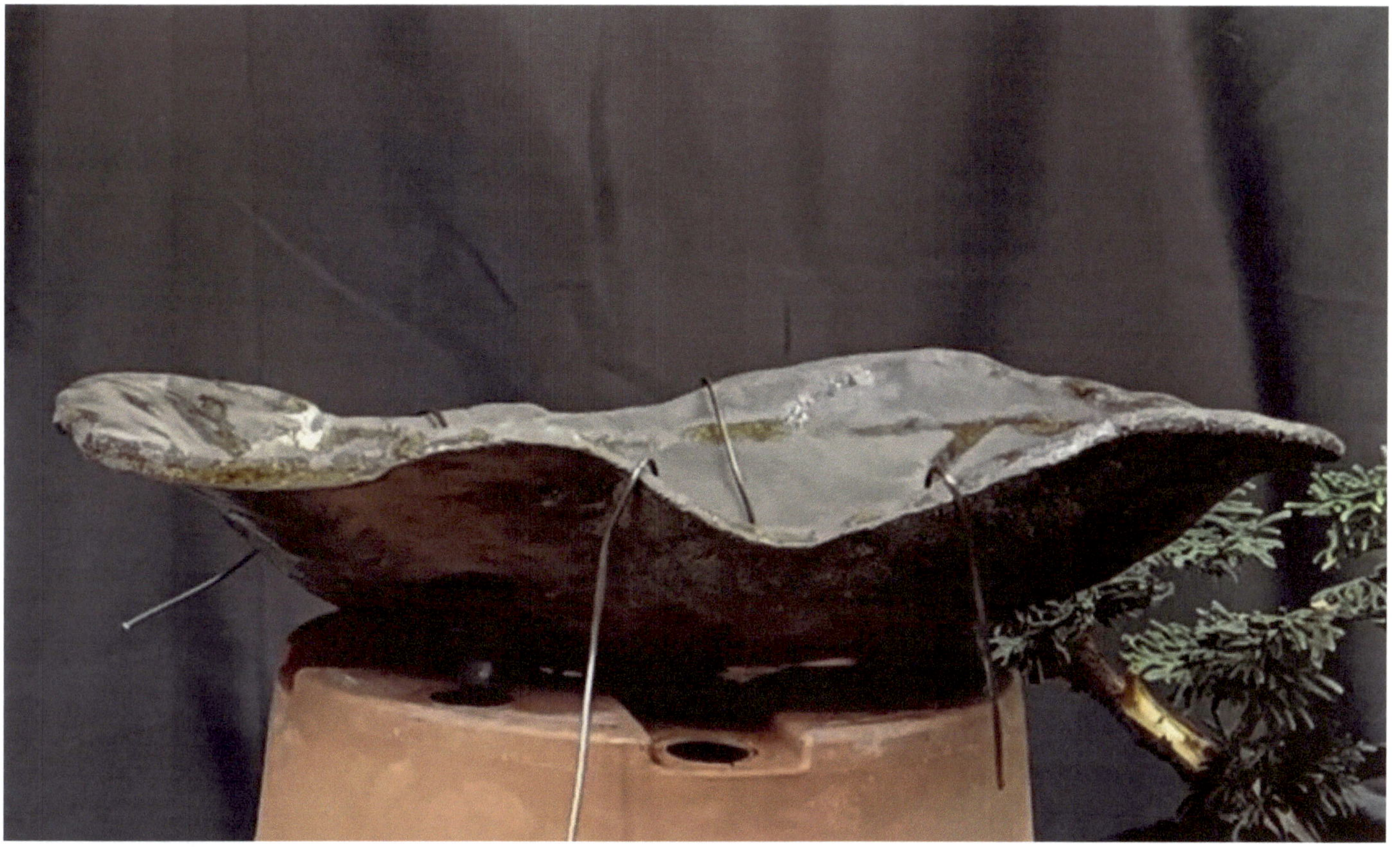

Ya hemos enseñado en otros fascículos la manera de preparar una maceta para trasplantar un bonsái. También tenemos varios vídeos sobre el tema en nuestro canal de Youtube. Aun así, al final de este artículo encontrarás un link y un código QR que te llevarán a un vídeo sobre este mismo árbol y allí podrás observar no solo la preparación de la maceta sino todo lo que hemos desgranado en este artículo. ¿Por qué lo pondremos al final? Es sencillo. El vídeo no tiene audio. Contiene todo el proceso que has visto hasta ahora, pero sin ninguna aclaración. Si lo miras luego de leer el artículo tendrás una comprensión mucho más clara.

Volvamos al trasplante. Colocamos en el fondo del tiesto una capa del nuevo sustrato formando una pequeña elevación en el lugar donde irá el árbol. Vamos a utilizar 100% akadama de grano medio. Luego colocamos el ciprés Hinoki, ajustamos la posición y procedemos a atarlo con los alambres que hemos dejado para ese fin.

Colocamos sustrato alrededor y con un palillo de bambú lo vamos introduciendo entre las raíces hasta que no queden burbujas de aire. Finalmente lo regamos, en este caso por inmersión para que no se caiga la akadama por los bordes y lo colocamos en sombra durante al menos dos semanas para que se recupere.

En la parte superior agregamos akadama fina para el acabado final y podemos ponerle musgo.

Hemos colocado una piedra como decoración para acentuar la sensación de paisaje.

> **Observación:**
> Nuestro ciprés Hinoki ha quedado demasiado sobreelevado respecto a la maceta. No hemos querido quitar más raíces.
> La posición de plantado no es la ideal. Está demasiado inclinado hacia la izquierda, pero para enderezarlo hubiera sido necesario elevarlo todavía más.

No vamos a colocarle musgo, aunque nos hubiese gustado. El musgo acelera la producción de raíces y estéticamente produce un gran cambio en el conjunto. El problema es que al momento de realizar el modelado estábamos en una época de enorme sequía por lo que era imposible conseguirlo.

Para que se aprecie la diferencia ponemos una imagen del punto de partida de este ciprés de Hinoki.

Como hemos prometido te dejamos el link al vídeo completo sobre este árbol. Si tienes la versión impresa de este Fascículo 3 puedes verlo haciendo link **aquí**. Si tienes la versión digital escanea el siguiente código QR

Vídeo exclusivo para los compradores de Bonsái desde Cero Fascículo 3

Como si el extenso y detallado artículo anterior fuera poco, ahora vamos a ofrecerte un vídeo exclusivo para ti. Se trata de otro trabajo sobre material de vivero, pero en este caso un árbol de hoja perenne, muy típico del clima mediterráneo que tiene un nebari de 18cm y una estructura muy interesante. Se trata de un *arbutus unedo,* más conocido como madroño.

Hemos comprado tanto el *chamaecyparis obtusa* como el *arbutus unedo* especialmente para este fascículo. Y no ha sido fácil. Después de un verano de lluvias ausentes y temperaturas elevadas, las zonas de los garden center o viveros en que están los árboles que nos interesan, parecían un cementerio. Si quieres ver el vídeo que hicimos apenas volver de la compra, haz clic **aquí** o escanea el Código QR que aparece a continuación

Como puedes ver en la foto anterior y habrás observado en el vídeo, el madroño no tiene hojas más que en la punta de las ramas, a más de un metro y medio de la base del tronco. Las hojas que aparecen más abajo son de un *pittosporum tobira* que ha crecido de semilla en el mismo tiesto y que nos costará bastante trabajo separar. Parece anecdótico, pero nos da la idea del tiempo que lleva el madroño en esa maceta.

Curiosidades del madroño:

Su nombre: *arbutus unedo*. La primera palabra designa el nombre con que se conocía este árbol por parte de los romanos. La segunda proviene de la frase en latín *«unum tantum edo»* que significa «comer solo uno». Y es que la fruta del madroño cuando está muy madura contiene una pequeña cantidad de alcohol y los romanos pensaban que podías emborracharte con ella. Es una leyenda, pero quizás algún legionario hambriento se comió varios kilos y el resultado fue narcotizante. El término «madroño», en cambio se pierde en la historia puesto que parece provenir del árabe, pero de una voz íbera que no se sabe lo que significa.

Su simbología: El madroño aparece en el escudo de la Comunidad de Madrid junto con una osa apoyada en él con las patas delanteras. Es curioso, porque los osos desaparecieron de esa zona bastante antes de la creación del escudo y tampoco es un hábitat en el que el madroño prolifere de manera espontánea habida cuenta de que no soporta las heladas intensas.

Frutos y flores: La fruta del madroño no madura toda de una vez, lo va haciendo de a poco e incluso puede llegar a florecer mientras sus bayas van pasando del naranja al rojo. Este comportamiento lo hace especialmente atractivo a nivel ornamental, aunque pueda llegar a ser muy sucio cuando la fruta cae al suelo.

Los mirlos adictos: Según observaciones de los ornitólogos, estos pájaros se vuelven locos por la fruta madura del madroño. Y parece que les provoca una euforia similar al consumo de alcohol generando un gran bullicio luego de ingerirlos. Si bien no está descripto ningún efecto alucinógeno en ellos sí es cierto que en muchos países del arco mediterráneo se suelen producir aguardientes, licores y hasta brandy de la fermentación de los mismos debido a su gran contenido de azúcares.

Ahora te invitamos a ver este vídeo exclusivo haciendo clic **aquí** o escaneando el código QR

¡Qué lo disfrutes!

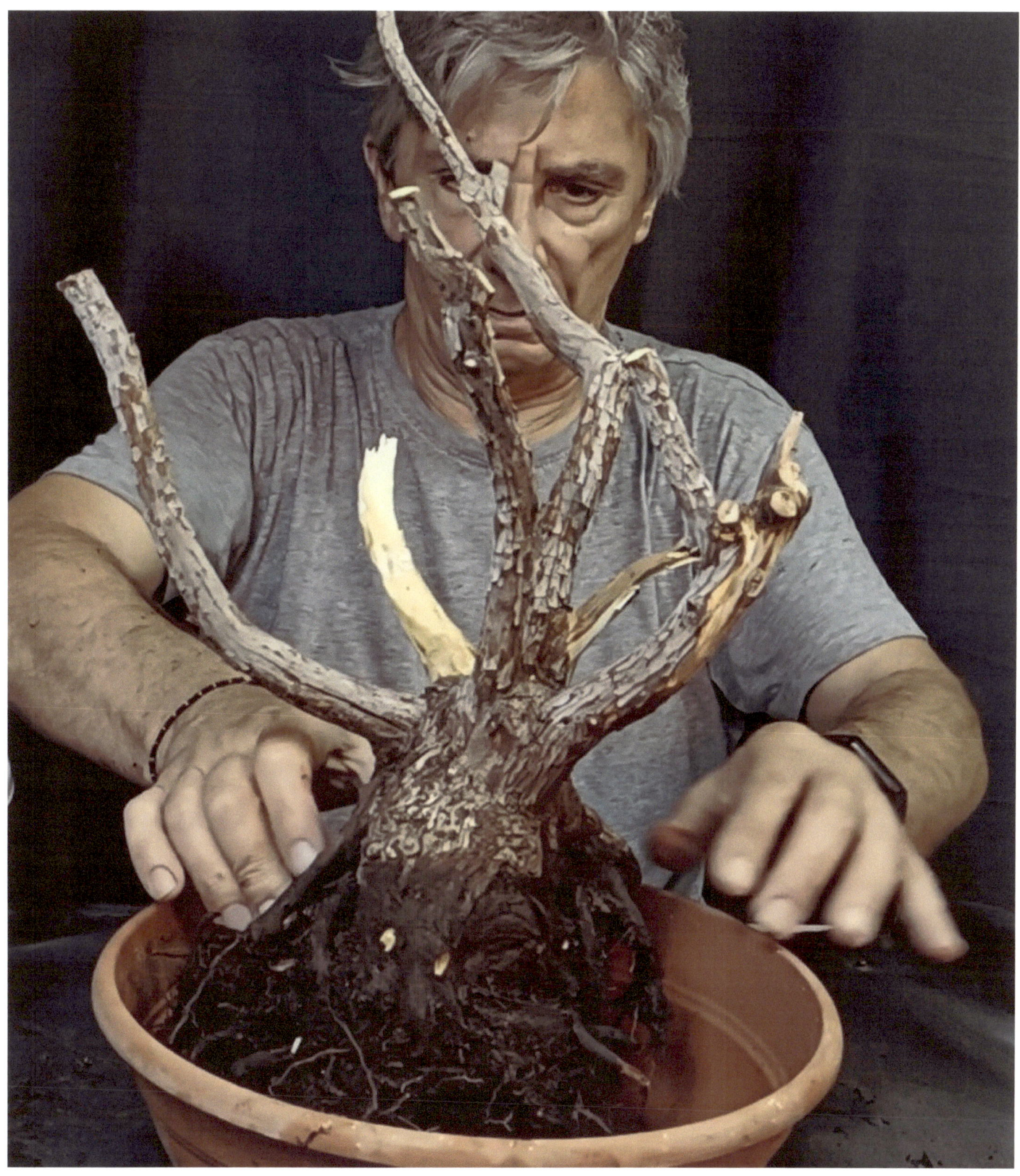

Los trasplantes del material de vivero.

Si has leído el artículo sobre el ciprés Hinoki y visto los vídeos, ya adivinarás que el trasplante de material de vivero es una variable que depende de la especie, el clima y la época del año.

Cuando compramos un árbol en un garden center, un cultivo o un vivero, lo hacemos porque nos interesa la especie, nos gustó el tronco que tiene o creemos que ese material puede tener un buen futuro como bonsái. Lo que desconocemos totalmente es el tipo de sustrato que lleva, el tiempo que ha estado plantado en esa maceta y el estado de las raíces. En muchos casos tampoco sabemos cómo fue cultivado: si estuvo en el campo, si viene de esqueje, acodo o semilla o si padeció enfermedades o plagas que pudiesen debilitarlo. Y es que como en el caso del madroño anterior, precisamente el material más atormentado y envejecido resulta ser el mejor prospecto para comenzar a entrenar como bonsái.

Como norma general, los árboles cultivados en maceta llevan una tierra más esponjosa, los de mayor precio pueden contener turba y el resto mantillos de distintos orígenes. Estas mezclas retienen mucha humedad y al podar la parte aérea reduciendo la superficie de evaporación puede producirse un exceso de agua en las raíces que pudra los capilares al no tener aire suficiente para respirar. En cambio, si el material fue cultivado a campo puede haber parte de ese sustrato conteniendo arcilla. Este material cuando está limitado a una maceta se convierte en fango al regar o en cemento cuando se seca. ¡Nada bueno para las raíces!

Árbol cultivado en tiesto con mezcla de mantillo y arena.

Aspecto de un cepellón cultivado a campo y colocado en maceta con la misma tierra.

¿Qué es lo mejor?

Sin dudas lo mejor es sacar el árbol del tiesto cuando despejamos el nebari y ver qué tipo de sustrato lleva y el estado de las raíces. A partir de allí y teniendo en cuenta las variables que mencionamos al principio de este apartado podemos tomar distintas decisiones:

- Si se trata de un árbol de **hoja caduca** y estamos **a finales de invierno** o **principios de primavera** trasplantemos quitando toda la tierra, lavando las raíces y colocándolo en una maceta de entrenamiento con la mezcla adecuada para trabajarlo como bonsái. Si nos encontramos a mediados de primavera podemos hacer lo mismo defoliando o podando, en **verano** mejor no tocar y en **otoño** igual que a mediados de primavera si sabemos que tenemos tiempo por delante para que el árbol se recupere y haga su proceso normal de desove de la hoja nueva.

- En árboles de **hoja perenne** quitando el ficus que se trasplanta a mediados de primavera previo defoliado, a **inicios de primavera** podemos trasplantar como si fuese un caducifolio con la precaución de hacer un defoliado parcial o total o una poda de estructura que equilibre masa foliar con pérdida radicular. Si nos vemos obligados a trasplantar a **mediados de primavera** el defoliado deberá ser total. En **verano** abstenerse y en **otoño** conviene evaluar la posibilidad de quitar parte de la tierra vieja y realizar un cambio de maceta para que el árbol pueda desarrollar raíces nuevas saludables durante el invierno.
- En coníferos, salvo casos de fuerza mayor, **nunca** quitamos toda la tierra ni lavamos las raíces. Siempre trasplantamos en **primavera** inmediatamente antes de la nueva brotación. El resto del año se pueden hacer medios trasplantes quitando algo de la tierra vieja.

Obviamente estas son reglas generales. Cada árbol es un mundo y de acuerdo a lo que encontremos en el cepellón a veces deberemos realizar actuaciones arriesgadas para preservar la salud del ejemplar.

Debemos recordar que el material de vivero no está preparado ni cultivado para trabajarlo como bonsái. Ojalá lo estuviera porque los árboles y arbustos funcionarían mucho mejor en los jardines, pero requerirían mano de obra adicional lo que encarecería mucho su precio. Si compramos un árbol que ha estado mucho tiempo en el contenedor es muy probable que nos encontremos con muchas raíces gruesas enroscadas en el fondo de la maceta y los capilares en la punta de las mismas. Eso hará que el trasplante deba ser hecho en varias fases si la especie es de desarrollar pocas raíces finas.

Un caso típico de la flora mediterránea es la *pistacchia lentiscus.*

Trasplante a maceta de bonsái:

Como ya te habrás dado cuenta, en la Escuela Mediterránea de Bonsái & Jardinería no somos muy proclives a trasplantar en maceta de bonsái hasta que el árbol no esté casi terminado, si es que alguna vez lo está.

Preferimos las macetas de entrenamiento o los cajones con muchos agujeros si se trata de material que hay que cultivar varios años para hacer crecer el tronco. Por supuesto que, si tenemos macetas de bonsái viejas, que no utilizamos o tienen defectos, las usamos, pero siempre bastante más grandes que la que llevaría el árbol de manera definitiva.

Tú puedes elegir el camino que te parezca mejor. Como ejemplo de nuestra postura valga el ciprés Hinoki cuyo artículo y vídeo acabas de ver.

Un ejemplo de lo que podemos encontrar en un árbol plantado en un tiesto durante mucho tiempo.

¿Cuál es el momento para trasplantar a maceta definitiva?

Ya lo hemos dicho y explicado en el Fascículo 2 de «Bonsái desde Cero». Puedes consultar allí las razones por las que los aficionados novatos y, no tanto, colocan sus arbolitos en maceta de bonsái antes de tiempo y luego deben comprar otra maceta porque la que colocaron cuando el árbol no estaba en condiciones le ha quedado grande, demasiado profunda, demasiado plana…
Si quieres saber con seguridad cuándo tu árbol está listo para ir a sus maceta definitiva ¡haz fotos! Y míralas con espíritu crítico e imparcialidad.

Después de todo lo dicho, habrá ansiosos que sigan deseando ver su arbolito en una maceta de cerámica. Por eso te recomendamos ver los siguientes vídeos.

¿Qué maceta sería ideal para tu bonsái? Todo lo que necesitas saber, en este vídeo + un juego.

Para acceder a él clica sobre el título o escanea el código QR a continuación.

¡Fácil y sin costos! Elegir la mejor maceta para el bonsái que vas a trasplantar esta primavera.

Estos vídeos ya los hemos recomendado en el fascículo 2, pero nos parecen muy importantes y orientativos tanto para quien quiera trasplantar material de vivero directamente a maceta de bonsái como para quienes tienen árboles más avanzados y necesiten hacerlo.

Un trasplante bien hecho

Cuando trasplantas un bonsái debes tener en cuenta que es para varios años. Por tanto, es necesario hacerlo bien. Esto implica que la maceta tiene que tener sus rejillas en el sitio y que no puedan moverse, que el árbol quede sujeto a la maceta y que el sustrato sea el adecuado para la especie y tenga cualidades para que aguante en óptimas condiciones hasta el próximo cambio. No vamos a trasplantar cada año o cada dos años porque en sí la poda de raíces es un estrés para el árbol. Entendamos que hablamos de un árbol que ha sido trabajado a nivel radicular y que tiene sus raíces gruesas cortas de las que sale una cabellera de raíces finas y capilares.

En «Bonsái desde Cero Fascículo 1» desarrollamos un artículo muy completo sobre trasplantes. Son 10 páginas con fotos a todo color en las que detallamos todos los pasos para llevar adelante un trasplante con éxito. También hay links a otros vídeos sobre el tema. Te aconsejamos que lo leas con atención porque tiene una enorme cantidad de información útil. Si aún no lo tienes puedes comprarlo en todas las tiendas Amazon.

En nuestro canal de Youtube puedes encontrar varios vídeos con trasplantes. Los hay que corresponden a árboles en proceso y también a bonsáis que están muy avanzados y ya pueden ir a su maceta definitiva. Como norma general nosotros siempre preparamos la maceta, siempre atamos los árboles al tiesto y siempre colocamos un sustrato adecuado. La diferencia radica solo en el tipo de poda radicular o el porcentaje de sustrato que reemplazamos de acuerdo a las necesidades del árbol. Por ello vamos a recomendarte dos vídeos en especial. Uno es el trasplante en toda regla de un prebonsái de ficus retusa a una maceta mayor, para entrenamiento y el otro es el trasplante de un olivo casi acabado desde su maceta de entrenamiento a la definitiva de bonsái.

Como ya sabes puedes acceder a ellos clicando en este caso en el título del vídeo si tienes la versión digital de este fascículo o escaneando el código QR que hay a continuación.

Bonsái a partir de ficus prebonsái

Trasplante de olivo bonsái a maceta definitiva. ¿Será simple? No lo creo.
(Primera parte)

Trasplante de olivo bonsái a maceta definitiva. Segunda parte.

Sustratos y mezclas de cultivo

En el Fascículo 1 de Bonsái desde Cero tienes un artículo muy interesante sobre sustratos y los links a dos vídeos sobre el tema. No vamos a extendernos aquí para no repetirnos.

Tan solo haremos mención a los aspectos diferenciales del material de vivero con respecto a árboles provenientes de otros orígenes.

Como ya hemos visto, muchas veces los árboles que compramos para trabajarlos como bonsái provienen de un cultivo a suelo y contienen greda en el sustrato. Otras, han sido producidos en tiesto y están en una mezcla turbosa o de mantillo. En ambos casos es necesario reemplazar esos sustratos por otros que sean más porosos. La razón es simple. Nosotros vamos a podar, alambrar, defoliar y pinzar como técnicas habituales de formación en la parte aérea. Esos trabajos producen una reducción en el consumo de agua por una parte y requieren una dosificación de la humedad con respecto al oxígeno para producir raíces finas y capilares saludables. Es decir que necesitamos controlar nosotros el riego y saber en qué momento hace falta regar. Ninguno de los sustratos mencionados nos da esa posibilidad. Al respecto puedes ver los vídeos sobre riego haciendo clic **aquí** para el primero y **aquí** para el segundo o escaneando los códigos a continuación.

Si estamos a inicios de primavera, cuando los árboles han hinchado las nuevas yemas reemplazaremos todo el sustrato por uno nuevo (akadama – akadama +kiryuzuna – kanuma – pomice – ladrillo molido o cualquiera otro que tengamos a disposición o podamos conseguir). Esto en el caso de árboles de hoja. Si hemos comprado especies que tienen micorrizas o coníferos, el reemplazo lo haremos en varias etapas siempre quitando la zona más alejada del centro y dejando lo que hay inmediatamente debajo del mismo. Si este trabajo lo realizamos cada dos o tres años mientras nuestro proyecto de bonsái está formándose, llegaremos al momento del trasplante definitivo con todo el sustrato cambiado, con el árbol micorrizado y las ráices en un óptimo estado de salud.

En la foto de la izquierda podemos ver que al madroño le dejamos parte del sustrato viejo porque estábamos fuera de época y porque había pocas raíces finas. Dejaremos que brote, se recupere y haga buena cantidad de capilares en la akadama circundante para realizar un nuevo trasplante y cortar todas las raíces gruesas que ahora no pudimos.

Abonos y fertilizantes

Como acabamos de hablar de trasplantes creemos importante recordar que:

No se abonan ni fertilizan los árboles recién trasplantados.

Tampoco es conveniente fertilizar material de vivero que esté débil, que haya sido defoliado o que padezca alguna enfermedad. Para ello hay hormonas y vitaminas que ayudan a fortalecer y sacar del estrés.

Durante todo el período de formación del material de vivero hasta que tiene la estructura como para llevarlo a una maceta de bonsái, es recomendable utilizar fertilizantes químicos en primavera y otoño más la adición de algún abono orgánico líquido a finales de otoño. Si queremos rapidez y reacción al trabajo nuestra experiencia nos dice que los abonos japoneses no producen la respuesta que necesitamos. Ya lo explicamos también en el Fascículo 2:

«Los abonos orgánicos sólidos japoneses están compuestos de productos vegetales y animales que a través de una descomposición aeróbica -en presencia de aire-, activan e incrementan los microrganismos beneficiosos presentes en la mezcla de cultivo. Además, proporcionan pequeñas cantidades de nitrógeno, fósforo y potasio más muchos oligoelementos y minerales esenciales para la salud del árbol».

Estos abonos están formulados para agregar a bonsáis cuyo trabajo de formación está terminado y solo necesitan pequeñas cantidades de nutrientes durante todo el año para mantenerse fuertes y saludables sin producir un crecimiento excesivo.

Nosotros no abonamos con una marca específica. Buscamos aquellos abonos cuyo NPK sirva para nuestros árboles.
Te lo contamos en el **siguiente vídeo.**

Si quieres saber qué es el NPK y qué proporciones de nutrientes necesitas para tu proyecto de bonsái puedes consultar el artículo sobre abonado del fascículo 1 de Bonsái desde Cero. También hay un apartado muy interesante en el fascículo 2 dedicado al prebonsái sobre el uso de fertilizantes químicos cuando estamos trabajando para crear ramas nuevas o para engrosar el tronco.

> **Conclusión:**
> Mientras estés formando el bonsái a partir de material de vivero ¡olvídate de los abonos japoneses!

Herramientas

En el Fascículo 2 de Bonsái desde Cero tienes un artículo bastante extenso respecto a la elección de herramientas para bonsái. No hay demasiada variación entre lo que necesitas si has comprado un prebonsái y lo que usarás trabajando a partir de material de vivero.

Si todavía no has comprado ninguna y, comienzas a deambular por tiendas online, encontrarás que hay una infinita variedad de marcas y precios tanto en chinas como en japonesas. No estaría mal darse una vuelta por alguna tienda física para ver en primera persona la diferencia que hay entre marcas o procedencias. Hemos dicho también en el fascículo anterior que las herramientas chinas suelen ser más baratas pero que en muchos casos no cumplen con su función adecuadamente y que las japonesas si son de marcas reconocidas pueden llegar a cuadriplicar su precio con respecto a las anteriores. Por ello, la elección dependerá mucho de lo que estés dispuesto a invertir en ellas.

Una forma bastante sencilla de elegir es mirar el acabado. Ninguna fábrica que utilice una buena aleación en sus herramientas puede darse el lujo de acabarlas de manera torpe o tosca. Eso disminuiría la sensación de calidad que producen en el comprador. De la misma manera, las que fundan acero de baja calidad no se tomarán la molestia de acabarlas bien porque los costes no justifican. Entonces, si tienes oportunidad o alguna tienda cerca, date una vuelta e inspecciona las marcas que tengan.

En el fascículo 2 también indicamos que hay dos herramientas fundamentales para trabajar en bonsái cuando queremos comenzar a cultivar uno a partir de un material ya crecido. Esas mismas dos herramientas son básicas para trabajar material de vivero ya que no pueden sustituirse con ningún artilugio de otro oficio. Ahora vamos a agregar alguna más que te ayudarán mucho.

Kuikiri: Es la podadora cóncava de la que seguramente ya has oído hablar. Sirve para cortar con precisión ramas gruesas por arriba de una yema o eliminar totalmente las que salen de una bifurcación. También sirve para eliminar tocones de podas anteriores.

Kobukiri: También llamada podadora esférica o vaciadora. Produce un corte con una depresión en el centro que facilita la cicatrización.

Podadora cóncava híbrida: Desconocemos si tiene un nombre específico en japonés. Combina la kuikiri con la kobukiri produciendo un corte exacto como la primera con una depresión en el centro como la segunda. Es la que verás utilizar con frecuencia en los vídeos de la Escuela Mediterránea de Bonsái & Jardinería.

Tenaza corta raíces: Es una herramienta que muchos aficionados, incluso avanzados, no utilizan. Sirve no solo para cortar limpiamente raíces gruesas sino también para astillar o romper la madera de los jins y separar la vena viva de la madera muerta en coníferos. La gran diferencia con una kuikiri es su forma y robustez. Mientras en la podadora cóncava las cuchillas son oblicuas, en la tenaza corta raíces son rectas. Este detalle hace que sea bastante sencillo afilarla.

Cuando cortamos una raíz los granos de tierra que pueda tener, pueden mellar los filos de la herramienta que utilicemos. Al partir madera, necesitamos hacer palanca. Si estos trabajos los hacemos con una kuikiri acabará perdiendo el filo o se abrirá porque las asas son más delicadas. Afilar una kuikiri es una tarea ímproba y tratar de cerrarla, imposible. ¿Dónde necesitamos un corte más limpio y preciso? En las ramas. Por tanto, tener una buena tenaza de raíces es de vital importancia para conservar nuestra kuikiri muchos años en buen estado.

Herramientas para trasplante: Cuando trabajas con material de vivero hay que trasplantar sí o sí. Si no es en el momento de la compra habrá que hacerlo en la primavera siguiente. Los sustratos que traen las plantas de esta procedencia no se adaptan bien al cultivo como bonsái. Por ello es importante hacerse con los elementos que nos faciliten la tarea.

Palillos de bambú: Pueden servir los que vienen con el sushi, aunque nosotros utilizamos otros de mejor calidad. Son flexibles y resistentes. No dañan las raíces y se pueden meter entre las más gruesas para retirar la tierra o agujerear el cepellón para aflojarlo. También sirven para introducir el nuevo sustrato entre las raíces evitando que queden bolsas de aire.

Gancho desenrollador de raíces: Es un simple gancho de punta roma y mango de madera o plástico que sirve para clavarlo en el sustrato e irlo deshaciendo y desenredar las raíces más gruesas para saber de dónde vienen y poder cortarlas con seguridad. Como herramienta de bonsái suele venir con dos dientes. Nosotros solemos eliminar uno porque nos resulta mucho más cómodo para trabajar.

Rastrillo kumade: Es un pequeño rastrillo de mano confeccionado en metal que tiene tres dientes como los de un tenedor. En la parte posterior acaba en una espátula. En teoría tiene la misma finalidad que el gancho anterior, desenrollar las raíces. Sin embargo, su uso está más orientado a «peinar» y desenredar raíces finas.

Cuando trabajamos con árboles de vivero que han estado cultivados en contenedor es de mucha utilidad porque el sustrato es más esponjoso y las raíces tienden a ser más finas y abundantes.

Tijeras para pinzar y podar: Las hemos dejado para el final porque si bien son importantes, no son imprescindibles. Es evidente que necesitamos un par de tijeras que corten muy bien, afiladas y lo bastante largas para que entren dentro del follaje cuando este comience a espesar. Hay en el mercado mucha variedad de dónde elegir. Desde unas tijeras chinas, otras de mango plástico, las de podar viñas, etc.

De hecho, necesitamos al menos dos: una más fuerte par ramas más gruesas y otra para ramas finas o para defoliar.

Hay aficionados que invierten mucho dinero en unas tijeras y poco en unas kuikiri o kobukiri. En la Escuela Mediterránea de Bonsái & Jardinería siempre recomendamos hacer a la inversa. Es preferible tener una podadora cóncava y una esférica de buena calidad o dos de distintos tamaños que una tijera de pinzar buenísima. Es más, preferimos invertir en una buena cortadora de raíces, un buen alicate para alambre o una pinza de jin que en unas tijeras caras.

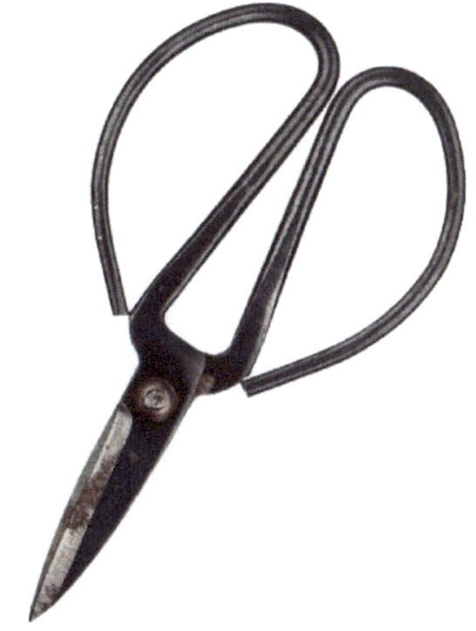

Tijera china de aros grandes para ramas de grosor mediano

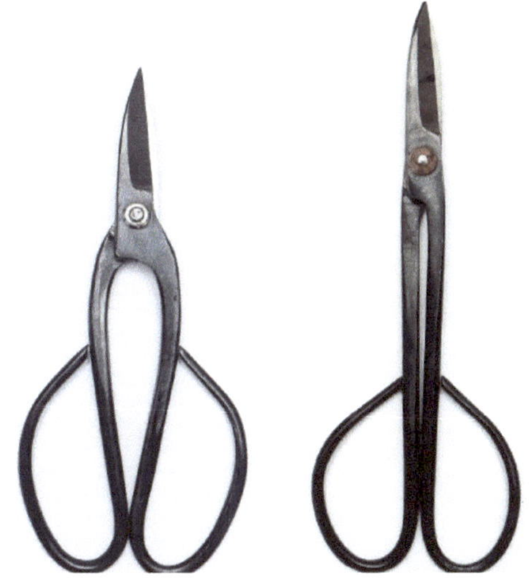

Tijeras para pinzar de asas rectas y curvas.

Como lo hemos hecho varias veces a lo largo de este fascículo, te recomendamos complementar los contenidos del mismo especialmente con los del Fascículo 2 de Bonsái desde Cero. Es el que más se acerca por las características del material que vas a trabajar.

Puedes adquirir «Bonsái desde Cero» - Fascículo 2 en todas las tiendas Amazon del mundo. Si vives en España lo encontrarás haciendo clic **aquí**. Si tienes la versión impresa escanea el siguiente código QR.

Para los fascículos anteriores de «Bonsái desde Cero» …

Aquí termina el Fascículo 3 de «Bonsái desde Cero». No esperamos que te quedes satisfecho sino con ganas de más. Con seguridad te surgirán dudas e interrogantes. Es normal. Recuerda que puedes recurrir a los fascículos anteriores para consultar los puntos que son comunes a todos los materiales de partida para hacer un bonsái. Recuerda que tienes a tu disposición una página de **Facebook** y un **grupo** en el que puedes realizar consultas.

Si necesitas asesoramiento personalizado puedes encontrar la manera en nuestros vídeos. Estaremos encantados de ayudarte en lo que necesites.

En el fascículo 4 de Bonsái desde Cero te introduciremos en el fascinante mundo del *misho,* el bonsái hecho a partir de semilla. ¡Esperamos que nos sigas acompañando!

Página Escuela Mediterránea de Bonsái & Jardinería

Grupo Escuela

Y no te olvides de **suscribirte** al canal para recibir las notificaciones de nuestros nuevos vídeos.